Índice

I0886483

Rourke Educational Media

A Division of Carson Dellosa Education

rourkeeducationalmedia.com

¿Puedes encontrar estas palabras?

ballenas

cigarras

grillos

ratones

Animales que cantan

Hay muchos animales que cantan.

Los pájaros cantan para encontrar pareja.

Cantan para decir: «¡Este espacio es mío!».

Las **ballenas** cantan en el océano.

Con sus canciones, hablan con otras ballenas.

Los **grillos** cantan.

Se frotan las alas entre sí para cantar. ¡Cri-cri!

Los **ratones** cantan para encontrar pareja. Cantan para proteger sus hogares.

Sus canciones son demasiado altas para los oídos humanos.

Las **cigarras** cantan. ¡Cantan fuerte!

Cantan para mantener alejadas a las aves.

¿Encontraste estas palabras?

Las **ballenas** cantan en el océano.

Las **cigarras** cantan. ¡Cantan fuerte!

Los **grillos** cantan. Se frotan las alas entre sí para cantar.

Los **ratones** cantan para encontrar pareja.

Glosario fotográfico

ballenas: enormes mamíferos que viven en el océano.

cigarras: grandes insectos que viven la mayor parte de su vida bajo tierra.

grillos: pequeños insectos de la familia de los saltamontes.

ratones: roedores de tamaño pequeño.

Índice analítico

Sobre la autora

Lori Mortensen vive en el norte de California con su familia y su gato Max. Cuando no está tecleando en su computadora, le gusta salir a observar aves y escuchar el canto de los zanates.

www.rourkeeducationalmedia.com

PHOTO CREDITS: Cover: Ken Canning; p.2,12,14,15: © emptyclouds; p. 2,8,14,15: © SIMON SHIM; p. 2,10,14,15: © CreativeNature_nl; p. 2,6,14,15: CoreyFord; p. 3: © Richmatts; p. 4: © Zwilling330

Edición: Keli Sipperley
Diseño de la tapa: Kathy Walsh
Diseño interior: Rhea Magaro-Wallace
Traducción: Santiago Ochoa
Edición en español: Base Tres

Library of Congress PCN Data
Animales que cantan / Lori Mortensen
(Aprendamos)
ISBN (hard cover - spanish)(alk. paper) 978-1-73160-498-9
ISBN (soft cover - spanish) 978-1-73160-511-5
ISBN (e-Book - spanish) 978-1-73160-504-7
ISBN (e-Pub - spanish) 978-1-73160-704-1
ISBN (hard cover - english)(alk. paper) 978-1-64156-163-1
ISBN (soft cover - english) 978-1-64156-219-5
ISBN (e-Book - english) 978-1-64156-273-7
Library of Congress Control Number: 2018967481

Printed in the United States of America, North Mankato, Minnesota